고개를 들면
지혜가 보인다

지혜자 1

고개를 들면
지혜가 보인다

글·그림 Harry Kim

마음이 길을 잃었을 때
170편의 지혜와 마주하다

더메이커

들어가는 글

지혜란 서로 손잡고 춤추면서도 상대의 발을 밟지 않는 것

지성 너머에 있는 그 무엇

무지보다는 지식이 크고, 지식보다는 지성이 크며, 지성보다는 지혜가 크다. 무지는 배움과 학습을 통해 벗어날 수 있고, 지식이 이타적으로 발화될 때 우리는 그것을 지성이라 부른다. 지성이 지식에 뿌리를 둔다면, 지혜는 지성에 바탕을 두되, 그 너머에 있는 그 무엇이다. 배움과 경험만으로 도달하기 어려운 어떤 세계, 이것이 인류가 오랫동안 지혜에 매혹되어온 이유이다.

그렇다면 추상 명사인 지혜를 과학으로 설명할 수

있을까?

정신과 의사이자 뇌과학자인 딜립 제스테 박사 팀은 지혜의 요소로 "친 사회적 행동, 감정 조절, 인생의 불확실성을 인정하면서도 결단력을 발휘하는 것, 통찰, 성찰, 인생에 대한 통합적 이해, 사회적 의사결정 능력"을 제시한다.

인문학자 콜렌더 박사는 지혜를 "정보를 활용해 지속적인 가치를 창출하는 능력"이라 정의하며, 이를 위해 "역량, 지식, 전략, 통찰력, 용의주도함, 그리고 진정한 부를 분별하는 능력"이 필요하다고 말한다.

사람 사이에서 완성되는 지혜

그러나 지혜는 개념이나 정의에 머무르지 않는다. 지혜는 결국, 사람과 사람 사이에서 작동하는 삶의 태도이자 방식이다.

지혜란, 서로 손잡고 춤추면서도 상대의 발을 밟지 않는 것이다. 자신의 리듬을 강요하기보다, 상대가 경쾌한 발놀림으로 자기만의 리듬을 즐기며 춤출 수 있도록 배려하는 것이다.

이 책은 길을 잃은 시대에 자기만의 길을 찾는 그대들이 지혜와 손잡고 춤을 추되, 그대들만의 리듬으로 역량을 최대한 발휘하며 자기주도적이고 독창적인 삶을 살아가도록 돕기 위해 쓰였다.

이 책은 그런 지혜를 담은 작은 글들의 모음이다. 잠깐이면 읽을 수 있는 짧은 문장이지만, 그 안에는 저자가 수년간 지인들과 나눈 생각, 그리고 오랜 사유와 독서를 통해 다져온 성찰이 녹아 있다. 짧지만 얕지 않은 이유가 바로 여기에 있다.

이 책은 저자의 노력만으로 만들어진 것이 아니다.
수많은 분의 요청과 격려, 출간에 대한 강력한 공감이 있었기에 가능했다. 서울, 경기, 대전, 부산에서 진행된 〈지혜자〉 세미나, 단톡방에서의 소통, 국내외 독자들의 호응 등, 지적 교류와 신뢰가 쌓여 만들어진 공동의 산물이다.

한바이오 강다윗 회장은 전적인 후원과 격려로 출간을 이끌었다. 〈지혜자〉 세미나를 후원해 원고를 한층 다듬을 수 있었고, 추천사도 보내주셨다. 'AI 시대의 지혜' 연구에 필요한 책을 아마존에서 상시 구입할 수 있도록 지원해 주신 장재중 회장, 그리고 추천사를 보내

주신 조원희 변호사, 이승훈 대표, 신혜성 대표, 박창호 작가 등에게도 감사드린다. 또한 선주문으로 힘을 보태주신 마흔여덟 분과, 이 책을 한 외국어대학교의 일부 유학생들에게 기증해 주신 열여덟 분께도 깊이 감사드린다.

길을 잃은 시대의 작은 나침반

지금 우리는 인공지능이 사회의 중심에 서는 전환점에 있다. 기술은 발전하지만, 방향은 더 흐려지고 있다. 이 책이 그런 시대에 자신만의 길을 찾으려는 이들에게 작지만 단단한 나침반이 되기를 바란다.

책에 실린 170개의 지혜들은 어떤 완성된 그 무엇이 아니다. 그보다는 우리가 맞닥뜨린 현실을 성찰하고, 더 나은 결정을 향해 나아가도록 이끄는 작은 씨앗들이다. 이 짧은 글들이, 여러분이 지혜의 길 위에서 한 걸음 더 나아가는 데 도움이 된다면, 저자로서는 더할 나위 없는 기쁨이다.

<추천사>

"이 책을 펼치는 순간,
독자 역시 지혜의 길 위에 선 여행자가
될 것이다"

내가 오랜 세월 교류해 온 저자는 금융과 교육 분야에서 유대 전통과 문화에 깊은 이해를 가진 사람이다. 저자는 지난 10여 년간 유대인들의 레버리지와 지혜를 연구하며, 그 결과를 지인들과 나누었고 그 일부는 책(《부의 여덟 기둥》)으로 출판하기도 했다.

이 책은 저자가 오랜 세월 지인들과 나누어 온 지혜의 말을 모은 것이다. 이제 그 내용이 더 많은 이들에게 전해질 수 있게 되어 무척 반갑다. 부디 독자들도 이 책 속에서 자신의 길을 비추어 줄 한 줄의 문장을 만나기를 바란다.

- 장재중(필리핀 유니그룹 회장)

35년 넘게 Harry Kim과 가까이 지내며, 그가 던지는 짧은 한마디가 마치 잽처럼 다가와 내 생각을 흔들고 깨운 순간을 자주 경험했다. 그 말 속에는 그의 낙천적인 기질과 예리함이 스며 있어, 듣는

이에게 혼란과 각성을 동시에 안겨준다.

그는 수년 동안 지인들과 연결된 단톡방에 짧은 지혜의 글을 꾸준히 연재해 왔다. 그중 '지혜자'에 해당하는 글들을 모아 한 권의 책으로 엮었다. 이 책이 독자들에게도 삶의 길을 비추는 한 방의 잽이 되기를 바란다.

- 박창호(작가, PEN International 회원)

모든 이들이 동쪽으로 갈 때 홀로 서쪽으로 가 새로운 길을 열었던 이들처럼, 저자 역시 지혜를 잃어버린 이 시대에 지혜를 찾아 새로운 길을 가기에 주저하지 않는다. 답습이라는 안전지대를 벗어나기를 꺼리는 우리가, 이런 저자에게서 남다른 지혜를 발견하는 것은 큰 행운이다.

나는 지난 수년간 저자가 단톡방에 연재하는, 10초면 읽을 수 있는 그 짧은 지혜의 글에서 큰 성찰과 도전을 받았다. 이 글들이 이번에 책으로 묶여 나온다고 하니, 기쁘고 설레는 마음으로 이 책을 모든 분께 권하고 싶다.

- 조원희(법무법인 디엘지 대표)

급변하는 AI 시대, 우리는 AI를 선용하고 지배당하지 않는 지혜가 필요하다. 그런 때에 저자가 단톡방에 연재한 '지혜자 시리즈'는 내 갈증을 씻어주었다.

저자의 촌철살인의 짧은 지혜들은, 하루에도 수없이 중요한 결정을 내려야 하는 내게 든든한 힘이 되어주었다. 그 지혜의 단편들은 사막에서 오아시스를 만난 기쁨과 행운 그 이상일 때도 있었다. 나는 그 글들을 묶어 책으로 내자고 제안했고, 저자는 흔쾌하게 받아들였다. 그리하여 보석 같은 지혜의 글들이 엄선되어 책으로 출간되기에 이르렀다. 이 책이 독자들의 일상을 보다 지혜롭고 풍성하게 하리라 믿는다.

- 강다윗(한바이오그룹 회장)

오늘날 지식과 정보는 권력과 부를 창출하는 수단이 되었고, 이를 선점하기 위해 정부와 기관, 기업, 개인이 치열하게 경쟁한다. 그러나 지혜 없이 얻은 지식과 정보는 자칫 자신과 이웃을 해치고 세상을 혼란스럽게 만들 수 있다.

저자가 단톡방에 연재한 지혜의 글들은 바쁘게 살아가는 나에게 삶의 자세를 점검하고 중심을 지키게 하는 힘이 되어주었다. 때로는 자녀들과 함께 읽으며 지혜롭게 살기를 바라는 아버지의 마음을 전하는 도구가 되기도 했다. 이 책이 독자들에게도 그런 힘이 되기를 바란다.

- 이승훈(주영전자 대표)

무엇이 진정한 지혜인지 분별할 수 있을까? 지혜를 얻기 위해 어떤 자세와 노력을 갖추어야 할까? 지혜는 간절히 구하는 자에게만 허락되는 선물이다. 만약 누군가가 이 책 전체를 온전히 자신의 것으로 만들 수 있다면, 그는 세상의 그 어떤 보물보다 값진 것을 얻은 사람일 것이다.

이 책은 평생 지혜를 찾아 여행해온 저자의 여정 그 자체다. 그 글에는 시대를 초월한 통찰과 공간을 뛰어넘는 깊은 울림이 담겨 있다. 이 책을 펼치는 순간, 독자 역시 지혜의 길 위에 선 여행자가 될 것이다.

- 신혜성(와디즈 대표)

누구나 편하게 읽을 수 있지만, 읽고 나면 오래 남는다. 이 책은 일상 속에 스며드는 지혜를 쉽게, 하지만 결코 가볍지 않게 전한다. 짧은 글 하나가 하루의 생각을 바꾸고, 삶의 방향을 조금 바꿔놓을 수도 있다.

- 이기헌(저자 지인)

읽다 보면 생활 속에서 바로 써먹을 수 있는 지혜를 얻게 된다. 막막할 때나 사람과의 관계가 어려울 때, 마음이 흔들릴 때 곁에서 힘이 되어주는 책이다.

- 이병영(저자 지인)

지혜는 세상을 보는 눈이다. 세상을 조금 더 깊고, 넓고, 아름답게 보기 원하는 분들에게 이 책을 권한다. 곁에 두고 오래 함께할 친구 같은 책이 될 것이다.

- 이선재(전 호치민 홍방대 교수)

contents

chapter 1
누가 지혜로운 사람인가   19

지혜는 아이디어의 샘이다 | 책 읽는 자가 승자다 | 누가 지혜자인가 | 그대보다 더 똑똑한 자를 고용하라 | 그대만의 길을 찾아가라 | 감정과 이성에 휘둘리지 마라 | 그대의 수다를 경청하라 | 꿈꾸고, 설계하고, 실행하라 | 타인의 고독을 침범하지 마라 | 돈을 이겨라 | 자기 성장에 더 많은 관심을 기울여라 | 다른 답을 찾아라 | 상식을 의심하라 | 귀로 보고 눈으로 들어라 | 시간을 낭비하지 마라 | 칭찬을 바라지 마라 | 애매한 친구보다 뚜렷한 적이 돼라 | 부의 설계자가 돼라 | 주변 사람과 환경을 변화시켜라 | 가장 먼저 박수쳐라 | 나눔에 아끼지 마라 타인의 이름과 명예를 귀하게 여겨라 | 사업으로 사람을 얻어라 시간은 감동이어야 한다 | 다섯 가지를 통제하라 | 감사는 행복 바이러스다 | 그대는 지혜의 여유를 누려라 | 삶으로 말하라 유머 감각과 지혜

chapter 2
지혜는 분별력이다

그대는 가능성을 팔아라 | 그대만의 길을 보여주라 | 결과로만 증명하라 | 당나귀는 코뿔소가 될 수 없다 | 감추고, 둘러대고, 위장하지 마라 | 대화로 자기 정체성을 존중하라 | 그대는 가장 적합한 인재를 택하라 | 돈이 가장 비싼 상황을 만들지 마라 | 돈의 날개를 보라 | 배우기에 최선을 다하라 | 덜 쓰는 법을 먼저 익혀라 | 부를 누리려면 지혜가 필요하다 | 불가능의 사다리를 올라라 | 그대의 집은 발판인가, 창고인가 | 간섭과 섬김을 구별하라 | 타인에게 보상하라 | 잘난 것을 내려놓아라 | 신속한 결정을 즐겨라 | 돈을 돌게 하라 | 이 사람은 좋고 저 사람은 나쁘다고 말하지 마라 | 능력을 겉으로 드러내지 마라 | 늘 그들이 문제다 | 실패 위에 올라서라 | 책 안 읽는 사람을 피하라 | 80:10:10 성공 법칙 | 행복에 항복하라 | 행복의 쳇바퀴에 빠져들지 마라 | 그대는 성공할 것이다

chapter 3
슬픔이 지혜를 넘보지 못하게 하라

분노, 스스로에게 가하는 벌 | 지혜자는 고독사하지 않는다 | 슬픔이 지혜를 넘보지 못하게 하라 | 그대는 실패의 눈물로 꽃을 피워라 | 부족함이 없어야 한다 | 지혜를 방해하지 마라 | 선한 사람, 참부자, 지혜자 | 좌절은 인생의 암이다 | 무심히 바라보라 | 이미 오른 계단을 성찰하라 | 초연하라 | 그대여, 난관을 피하지 마라 | 돈거래에 신실하라 | 지적 생산성을 높여라 | 바람둥이와 지혜자 | 대충 시작하라 | 스스로에게 엄격하라 | 돈은… | 시간으로 구매하라 | 함께할 사람을 알아보는 눈을 키워라 | 안 해도 될 일을 줄여라 | 절제라는 호사를 누려라 | 먼저 맷집과 냉철함을 키워라 | 지혜 없는 행복을 무시하라 | 전략과 기량 | 지혜로운 부모가 돼라 | 기억을 사라

chapter 4
내일은 어느 방향에서 오는가

그대의 내일은 어느 방향에서 오는가 | 다시 바닥에서 시작하는 짜릿함 | 목적 없는 인생엔 행복이 없다 | 성공에는 공식이 없다 | 그대는 레버리지의 마술사가 되어라 | 많이 벌고, 적게 바라라 | 그대 주변에 누가 있는가 | 위대한 사고에 집중하라 | 돈을 약으로 사용하라 | 자녀의 본이 돼라 | 변명하지 마라 | 시간에 쫓기지 마라 | 리스크 테이킹의 전문가가 되어라 | 지혜자가 지혜자를 찾아낸다 | 인격의 향기를 발산하라 | 명품을 입고 감옥에 사는 자 | 이기고도 망하는 싸움 | 스스로 지혜자라 칭하지 마라 | 나태함을 여유로… | 소통에서 신뢰로, 신뢰에서 지혜로 | 가족과 친구에게 가능한 많은 시간을 투자하라 | 고독의 자리에 머무는 훈련을 하라 | 침묵과 미소를 배워라 | 돈을 통제하라 | 그대는 먼저 '노 땡큐'를 배워라 | 먼저 가정 세우기에 헌신하라 | 격을 잃지 말고 비난을 받아들여라

chapter 5
지혜 없는 행복은 없다

지혜에 우선순위를 두라 | 부자처럼 생각하라 | 유혹에 흔들리지 마라 | 지혜 없는 행복을 의심하라 | 우정은 인생의 필수다 | 절박한 이들을 도와라 | 고통은 더 큰 것을 주기 위함이다 | 늘 마음을 새롭게 하라 | 고독을 소중히 여겨라 | 지혜자의 일상을 익혀라 | 비난이란 벽돌로 인생의 기초를 쌓아라 | 어제보다 더 지혜로워져라 | 시간을 훔친 자는 날강도다 | 자부심을 높여라 | 실수는 일기의 한 페이지일 뿐이다 | 비난하지 마라 | 지혜와 동행하라 | 시간을 선용하라 | 미끄러진 곳을 보라 | 서로 의지하라 | 인생을 쓰레기화하지 마라 | 돈밖에 없는 사람이 가장 가난하다 | 자녀의 고독에 기웃거리지 마라 | 고통은 성숙의 디딤돌이다 | 자부심이 성공을 부른다 | 부모 공경은 사랑과 성공의 시작이다 | 두 지름길 | 성숙은 자랑하지 않는 곳에 있다

chapter 6
야자수처럼 모든 바람을 즐겨라

야자수처럼 모든 바람을 즐겨라 | 지혜는 영혼을 춤추게 한다 | 그대는 여행을 떠나라 | 쉼은 하나의 예술이다 | 태도로 영감을 불어넣어라 | 겸허함과 절제의 여유를 유지하라 | 세 부류 | 삶, 살다 그리고 삼다 | 겸손하라 | 모두가 싫어하는 일을 먼저 하라 | 아들의 인생에 개입해야 할 시간 | 불확실성 앞에 나서라 | 열매를 남기고 사라져라 | 문제를 기회로 삼아라 | 공존의 지혜를 찾아라 | 쉬워지기 전까지는 다 어렵다 | 침묵을 수련하라 | 자녀는 보여준 만큼 자란다 | 자녀의 인생을 망치지 마라 | 안전빵을 거부하라 | 배우자에게 존경받아라 | 관계 자산을 늘려라 | 시간이 아닌 해를 보며 살아라 | 쉼의 전문가가 돼라 | 성공자의 지혜를 본받아라 | 끝없이 용서하라 | 불평의 힘, 감사의 힘 | 영혼의 소리를 들어라

chapter 1

누가 지혜로운 사람인가

"지혜자는
작은 것으로 큰 것을 움직이는
레버리지의 마술사다."

지혜는 아이디어의 샘이다

사람들은 땅속에서
금을 캐내지만

"진정한 금은
지혜자의 아이디어에서
채굴된 경우가 훨씬 더 많다."[1]

지혜는
아이디어의 샘이다.

책 읽는 자가 승자다

동서고금을 막론하고
진정한 승자는
책을 읽는 자다.

독서는
"무지, 무경험, 무소신"을 이겨내고

그대를
지혜에 이르게 한다.

"나는 무지, 무경험, 무소신을 극복하기 위해서 책을 읽는다." (문형배 판사)

누가 지혜자인가

누가
지혜자인가?

지혜자는
미래를 보여주는
예언자가 아니라

새알에서
새의 노래를 들을 줄 아는
사람이다.[2]

"지혜란, 오늘 일어난 사건들이 내일 어떤 결과로 나타날지 아는 것이다." (탈무드)

그대보다 더 똑똑한 자를 고용하라

아들이 물었다.

"누가 지혜자입니까?"

"자기보다
똑똑한 사람을
고용하는 자다."

"똑똑한 사람은 자신보다 더 똑똑한 사람을 고용하는 사람이다." (J. F. 케네디)

그대만의 길을 찾아가라

아들이 또 물었다.

"누가 지혜자입니까?"

"자기만의 길을
찾아가는 사람이다."

신이 자기에게 준 자기만의 길을 찾아가는 것이 '지혜'이고[3] 그렇게 주도적으로 자기만의 삶을 살아내는 것이 '거룩'이다.

감정과 이성에 휘둘리지 마라

세상에는
감정적인 이들과
이성적인 이들이 있지만,

지혜에는
감정과 이상 사이에
갈등이 없다.

그대가
감정에 치우치지도
이성에 함몰되지도 않는다면

그대는
지혜자다.

———

"지혜가 그대를 지배하면 그대의 생각과 감정 사이에 갈등은 존재하지 않는다." (칼 융)

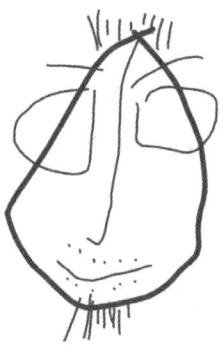

지혜자는
미래를 보여주는
예언자가 아니라

새알에서
새의 노래를 들을 줄 아는
사람이다.

그대의 수다를 경청하라

그대는
입 수다를
멀리하고

마음의 수다를
경청하라.

인간의 사고 속도는 분당 1,200단어라고 한다. 이 수치가 말하는 것은, 우리가 머릿속에서 엄청난 '수다'를 떨고 있다는 것이다. 아무리 바빠도 일을 멈추고 당신의 수다에 귀를 기울여라. 이것이 당신의 인생을 누리는 첫걸음이다.

꿈꾸고, 설계하고, 실행하라

사물(things)에 대해 이야기하는
평범한 사람,

사람(people)에 대해 이야기하는
그렇고 그런 사람,

이상(ideas)에 대해 말하는
위대한 사람이 있다.

그대는
이상을 꿈꾸고,
설계하고,
실행하라.

타인의 고독을 침범하지 마라

성숙한 이는
타인의 정체성을
방해하지 않고

지혜자는
타인의 고독(solitude)을
침범하지 않는다.[4]

그대여
타인의 고독을
침범하지 마라.

돈을 이겨라

지혜자는
돈을 이기고,

어리석은 자는
돈에 진다.[5]

그대는
돈을 이겨라.

―

돈은 우리의 안정적 모습과 불안정한 모습을 그대로 드러낸다. 돈을 잘 통제하고 관리하여 돈을 이기면 삶은 안정되지만, 돈에 지면 모든 것이 불안정하다.

자기 성장에 더 많은 관심을 기울여라

"나는 아무래도 괜찮아.
너희만 잘 자라주면 돼."

이렇게 말하는 부모가 있다. 가족을 위한다며 늘 자기의 뜻과 생각을 뒤로 미루면 나중에는 존재감도, 자기주장을 할 힘도 잃게 된다.[6] 자식에게 가족이 원하는 대로 움직이는 존재라고 여기게 하는 부모여서는 안 된다.

그대가
부모라면

자기 성장에
더 많은 관심을 기울여라.

다른 답을 찾아라

답 없는 답을 찾아 떠도는
'무답인'이 있고[7]

오답을 정답이라 확신하며 사는
'오답인'이 있으며

정답을 찾고, 정답에 안주하는
'정답인'이 있으나[8]

지혜자는
일평생을 다른(異) 답을 찾는
'이답인'이다.[9]

그대는
그대만의 답인
다른 답을 찾아라.

상식을 의심하라

지혜자에게

상식만큼
비상식적인 것도
없다.

그대는
상식을 의심하라.

———

"상식은 상식적이지 않다." (볼테르)

귀로 보고 눈으로 들어라

지혜자는
결혼 상대를 찾는 이들에게
이렇게 충고한다.

"아내감은
귀로 보고

남편감은
눈으로 듣고

결정하라."

―

여자의 미모와 꾸밈보다는 주변 사람의 평가를 들어야 하고, 남자의 말보다는 태도를 보아야 한다.

시간을 낭비하지 마라

약속 시간에 무신경하여
남의 시간을 빼앗는
이들이 많다.

시간은
생명만큼 소중하다.

그대는
남의 시간도
자신의 시간도
낭비하지 마라.

"한 시간의 낭비를 두려워하지 않는 사람은 삶의 가치를 발견하지 못한 사람이다." (찰스 다윈)

칭찬을 바라지 마라

"칭찬받기 위해 거짓을 참이라 하며
양심을 저버리는 이들이 있다."[10]

그대는
칭찬을 바라고
행동하지 마라.

―

칭찬을 바라고 행동하는 사람은 언제라도 자기 양심을 속일 수 있다.

애매한 친구보다 뚜렷한 적이 돼라

애매한 관계가
사회성을
보장하지 않는다.

그대는
"애매한 친구가 되기보다는
뚜렷한 적이 돼라."[11]

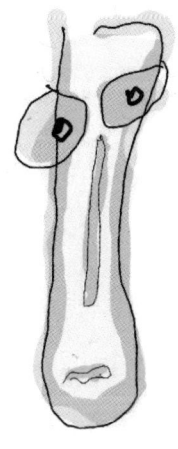

"누가 지혜자입니까?"

"자기만의 길을
찾아가는 사람이다."

부의 설계자가 돼라

소비는 가난을 낳고,
투자와 저축은 부를 부른다.

그대는
소비보다 먼저
부를 설계하라.

저축과 투자 모드(mode)로 사는 이들은 지금 돈이 없어도 부자가 될 가능성이 있지만, 소비 모드로 사는 이들은 많은 돈을 가지고 있어도 곧 가난해질 것이다. 이는 현재 돈을 얼마나 소유하고 있느냐와 무관하다.

주변 사람과 환경을 변화시켜라

사람들은 흔히
출신, 성격, 학벌, 재력, 재능, 외모, 에티켓, 멋으로
누군가를 평가하지만

그대는
'그로 인해 주변 사람과 환경이
어떻게 변하는가'로

그를
평가하라.

가장 먼저 박수쳐라

가장 먼저 박수치는 사람은
리더십이 있다.

박수는
사람들의 시선과 관심을
끌어당기는 매력과

인간관계와 조직의 꼬인 실타래를
풀어내는 마력이 있다.

그대는
가장 먼저 박수를 쳐라.

"리더십이 있는 사람이 가장 먼저 박수를 친다." (레일 라운즈)

나눔에 아끼지 마라

그대는
자신을 위해서는
조금 쓰고

가난한 이들에게는
아끼지 마라.

"나는 내가 가진 것을 나누는 것이 삶의 목적이라고 믿는다." (알버트 아인슈타인)

타인의 이름과 명예를 귀하게 여겨라

그대가
다른 사람의 이름과 명예를
그대의 것처럼
소중히 여긴다면

그대는
위대하다.

"사람들을 세워주며 친절하고 상냥한 말을 계속한다면 위대한 사람이 될 수 있다. 선하고 가치 있는 말을 계속한다면 위대한 사람이 될 수 있다." (웨인 도식)

사업으로 사람을 얻어라

사람들은
사업으로
돈을 벌려 하지만

그대는
사업으로
사람을 얻어라.

"한 사람의 성공 여부는 무엇을 알고 있느냐가 아니라 누구를 알고 있느냐에 달려있다." (할리우드 유행어)

시간은 감동이어야 한다

기다리는 자에게 시간은 너무 느리고
두려워하는 자에게 시간은 요동치고
슬퍼하는 자에게 시간은 너무 길고
기뻐하는 자에게 시간은 너무 짧고
사랑하는 자에게 시간은 숨이 막히고

그대에게
시간은 감동이어야 한다.

다섯 가지를 통제하라

그대만의 인생을
살아내려면
통제해야 할 것이
많으나,

그대는 먼저
생각, 입, 돈, 기분, 태도를
통제하라.

---

1. "생각을 조심해라, … 우리는 생각하는 대로 된다." (마가렛 대처)

2. 나쁜 행실들로 자기 무덤을 파는 경우가 많으나, 그 행실들을 다 합해도 말로 자기 무덤을 파는 것에는 못 미친다.

3. 돈을 통제하지 못하고 돈에 통제당하면, 비참한 삶을 면할 수 없다.

4. 지혜자의 멘탈은 기분(mood)에 흔들리지 않는다.

감사는 행복 바이러스다

서로에게
감사할 줄 모르는 부부가

자녀의
감사하는 마음을
기대할 수는 없다.

그대는
가족 사이에
감사를 주고받는 문화를
소중히 여겨야 한다.

―

감사만큼 전염성이 강한 행복 바이러스도 없다.

그대는 지혜의 여유를 누려라

부지런하다고
생산성이 있는 것이 아니고

게으르다고
생산성이 없는 것이 아니다.

생산성을 높이는
지혜자의 게으름은

'지혜의 여유'이다.

삶으로 말하라

머리에 저장된 정보를

입으로 말하면 지식인이고
삶으로 말하면 지성인이다.

가슴에 스민 정보를

입으로 말하면 스승이고
삶으로 말하면 지혜자다.

그대는
삶으로 말하라.

―

"경험하기 전까지는 아무것도 현실이 될 수 없다. 훌륭한 금언일지라도 삶으로 확인하기 전까지는 아직 사실이 아니다." (존 키츠)

유머 감각과 지혜

유머 감각이
부족한 사람 중에[12]

지혜자는
없다.

유머 감각은 고독(solitude)을 즐기는 자의 발산적 매력이며, 유머는 자기와의 대화인 자기성찰에서 생겨난 진주와도 같다. 지혜 역시 자기성찰로 정련된다. 때문에 지혜가 늘 유머와 함께하는 것은 당연하다.

chapter 2

지혜는 분별력이다

한 지혜자는 말한다.

"성공은

80%의 자신감,
10%의 전문성,
10%의 운으로

달성된다."

그대는 가능성을 팔아라

장사꾼은
제품을 팔지만

지혜자는
가능성을 판다.

그대는
무엇을 파는가?

—

"나는 신발을 판 것이 아니라 가능성을 팔았다." (필 나이트, 나이키 창업자)

그대만의 길을 보여주라

떠버리는
아는 것을 떠벌려야만
직성이 풀리고

침묵자는
그 침묵만으로도
권위와 영향력이 있지만

모두가 길을 잃었을 때
지혜자는
지혜로 살아온
자기만의 길을 보여준다.

---

1. 떠버리는 참으로 매력 없이 평범한 사람들이라, 아무리 아는 척을 하고, 진리와 비법으로 가득 찬 금언을 해도, 누구도 이들에게 경청하지 않는다.

2. 침묵자는 질문을 받을 때만 답한다. 그 답에 파괴력이 있어, 사람들의 굳은 의식을 파괴한다.

3. 지혜자는 큰 바위 얼굴, 혹은 모모, 혹은 조나단 리빙스턴 시걸, 혹은 바보 이반과 같은 모습으로 우리 곁에 있어서, 일상에서 우리에게 별 관심을 받지 못한다. 유대 잠언은 이들을 '가난한 지혜자'라고 부른다.

결과로만 증명하라

성공할 것이라
먼저 떠드는 이는
어리석은 자다.

사전에 떠버리는 것은
에너지를 분산시켜
성공을 가로막는다.

그대는
결과로만 증명하라.

당나귀는 코뿔소가 될 수 없다

바쁜 것은
지혜가 아니고

지혜자는
바쁘지 않다.[13]

바빠서 쉼을 무시하는 사람이
지혜자가 되기는
당나귀가 코뿔소 되기보다
어렵다.

그대는
바쁨을 무시하라.

감추고, 둘러대고, 위장하지 마라

바르지 못함을
착함으로 감추고

부하지 못함을
청빈으로 둘러대며

지혜 없음을
열심으로 위장하면

지혜는
그대를 멀리한다.

대화로 자기 정체성을 존중하라

많은 이들이
수다로 자기 정체성을
방기(放棄)하지만

그대는
대화로 그대의 정체성을
존중하라.

그대는 가장 적합한 인재를 택하라

지혜자는
어떤 탁월한 전략들보다

적합한 인재
한 명을 택한다.

―

"전략을 수립하는 것보다 적합한 인재를 적재적소에 배치하는 것이 훨씬 더 중요하다." (잭 웰치)

바빠서 쉼을 무시하는 사람이

지혜자가 되기는

당나귀가 코뿔소 되기보다

어렵다.

돈이 가장 비싼 상황을 만들지 마라

돈이 가장 필요할 때[14]
돈은 가장 비싸다.

그대는
돈이 가장 비싼 상황을
만들지 마라.

"돈은 종종 너무 큰 대가를 치르게 한다." (R. W. 에머슨)

돈의 날개를 보라

사람들은
돈의 액수를 보지만

그대는
돈의 날개를 보라.

―

돈보다 자기 주인을 빨리 찾아가는 것은 없다. 돈은 새처럼 날갯짓하여 자기 주인을 가장 빨리 찾아간다.

배우기에 최선을 다하라

배움 없는 지혜는
가능하지 않다.

"배움은 마음이 지치지 않게 하고, 두렵지 않게 하며,
후회하지 않게 하는 유일한 것이다."[15]

그대는
배우기에 최선을 다하라.

덜 쓰는 법을 먼저 익혀라

그대는
벌기보다 먼저,

덜 쓰는 법을
익혀야 한다.[16]

―

프로 기사(바둑)가 되려면 이기는 법을 배우기 이전에 적게 지는 법을 배워야 하듯(조훈현), 부자가 되려면 벌기 전에 적게 쓰는 걸 몸에 익혀야 한다.

부를 누리려면 지혜가 필요하다

편안하게 사는 데는
돈이 필요하고

화목하게 살기 위해선
배려가 필요하고

부를 누리려면
지혜가 필요하다.

―

부는 재산만으로 가능하지 않다. 부는 'to be well'로 물질, 감정, 관계, 영의 웰빙의 상태다. 부는 건물을 짓듯, 소득, 재정, 지혜, 일, 관계, 존경받음, 리더십, 평안이라는 여덟 개의 기둥을 오랜 세월 동안 전략적으로 구축해야만 (building) 가능하다. (Harry Kim, 《부의 여덟 기둥》)

불가능의 사다리를 올라라

어렵다고
포기하는 이들이
많지만

불가능에 도전하여
성공하는 이들도
적지 않다.

그대에게
불가능은
성공에 이르는
사다리일 뿐이다.

그대의 집은 발판인가, 창고인가

지혜자의 집은
가족의 꿈이 실현되는 발판이지

이것저것 잡동사니를 쌓아두는
창고가 아니다.

그대의 집은
발판인가,
창고인가?

간섭과 섬김을 구별하라

남의 일에 간섭하다 어려움에 빠졌으면서 '돕다가 어려워졌다'라고 착각하는 이들이 있다. 이는 지혜 없는 자들의 전형적인 태도다.

그대는
간섭과 섬김을
구별하라.

—

남의 일에 간섭하다 어려움에 빠지는 것만큼 미련한 짓도 없다.

타인에게 보상하라

인생은 소중한 만큼 미소(微小)하며, 유한한 만큼 고귀하여 지혜롭게 살아야 한다. 단순, 소박, 겸손, 검소함으로 자신에게 엄격하고 타인에게는 관대해야 한다는 말이다.

그러므로 그대는
자신에게 보상하지 말고
타인에게 보상하라.

잘난 것을 내려놓아라

일반적으로
균형 잡힌 삶이란
모자라는 것을 채우는 것이나

그대에게
균형 잡힌 삶은
"자신의 잘난 것을 내려놓는 것"[17]
이어야 한다.

신속한 결정을 즐겨라

실패의 원인 80%는
신속한 결정을 내리지 못해서이고

성공의 원인 80%는
신속한 결정을 내렸기 때문이다.

그대는
신속한 결정을
즐겨라.

성취도가 높은 사람들의 대표적인 특징은 신속한 결정 능력(속도)이다. 결정 사안 중 80%가 즉각적인 결정을 요구한다.[18] 삶은 성장과 성숙과 성공을 지향하도록 정해져 있다. 이를 방해하는 내·외적 장애들을 어떻게 제거하느냐가 관건이다. 그 가장 효과적인 방법이 '결정'이다.

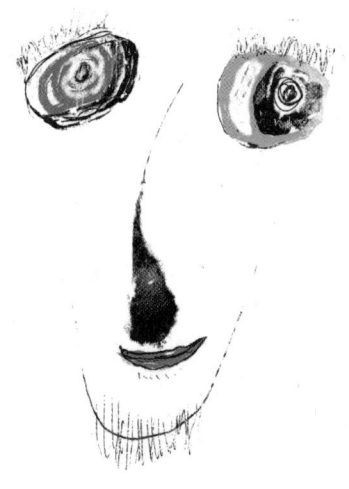

행복은
사랑하는 이들로 기뻐하고
가진 것에 감사하며
상황과 관계없이
웃을 수 있는 자의 것이다.

돈을 돌게 하라

피가 돌아야
몸이 살듯

돈이 돌아야
개인과 국가가 산다.

그대는
돈을 돌게 하라.

몸에 피가 필요하듯 삶에는 돈이 필요하다. 피가 순환되는 혈행(血行)에 문제가 생기면 몸이 망가지듯, 돈이 순환되는 쩐행(錢行)에 문제가 생기면 삶이 망가진다. 쩐행에 대한 바른 이해와 매뉴얼이 없으면 돈에 중독되는 등 인생 자체가 엉망이 된다. 반면 누구라도 바른 금융 이해와 매뉴얼을 가지고 돈을 대하면 재산을 축적하고 더 나아가 재정적 자유와 부를 누릴 수 있다.

이 사람은 좋고
저 사람은 나쁘다고 말하지 마라

사람들은 이 사람이 좋고 저 사람은 나쁘다고 말하나, 실은 좋은 사람도 나쁜 사람도 없다. 다만, 좋은 관계와 나쁜 관계가 있을 뿐이다.

그대는
나쁜 관계가
좋은 관계가 되도록
도와라.

―

"인간은 좋은 사람과 나쁜 사람에 대해 말할 수 없고 오직 좋은 관계와 나쁜 관계에 대해 말할 수 있을 뿐이다." (W. H. 오든)

능력을 겉으로 드러내지 마라

지혜자는
그 능력이
겉으로 드러나지 않기 때문에

사람들이
그 능력을 잘 모르거니와

지혜자가 곁에
있는지조차 모른다.[19]

그대는 능력을
겉으로 드러내지 마라.

늘 그들이 문제다

그대는

성공하기 위해
먼저 주변의
고리타분한 몇몇 사람을
변화시켜야 한다.

늘 그들이
문제이기 때문이다.

실패 위에 올라서라

실패를 변명하지 말고
실패의 교훈을 챙겨라.

그 교훈의 계단을
올라설 수 있다면

그대는
지혜자이다.

책 안 읽는 사람을 피하라

사람들은
칼 휘두르는 자들을
피하나

그대는
책 안 읽는 이들을
피해야 한다.

"인간에게 말이 주어진 것은 생각(속셈)을 감추기 위함이고"(스탕달), 글이 주어진 것은 생각을 표현하기 위함이다. 그러므로 인간을 알려면 글을 읽어야 한다. 특히 "양서를 읽는 것은 역사적으로 최고의 지혜자들과 대화하는 것"(데카르트)으로, 우리를 지혜의 길로 인도한다.

80:10:10 성공 법칙

한 지혜자는 말한다.

"성공은
80%의 자신감,
10%의 전문성,
10%의 운으로[20]
달성된다."

자존심은 모든 기회를 고비용 저효율화하고, 자부심은 저비용 고효율화한다. 자부심은 자신감을 갖게 한다. 자신감을 갖는 순간 이미 80%는 이긴 싸움이다. 그러므로 자기 일에 자부심 없이 일터로 향하는 것은 패배를 인정하고 전쟁터로 향하는 것과 같으며, 자기 일에 자부심을 품고 일터로 가는 것은 이미 승리한 전쟁을 확인하러 가는 것과 같다.

행복에 항복하라

행복하기에도
너무 짧은 인생이다.

행복은
사랑하는 이들로 기뻐하고
가진 것에 감사하며
상황과 관계없이
웃을 수 있는 자의 것이다.

그대는
행복에
항복하라.

행복의 쳇바퀴에 빠져들지 마라

많은 이들이
돈을 더 벌면
행복할 것이라 착각하지만

그대는
이런 '행복의 쳇바퀴'에
빠져들지 말아야 한다.

———

행복의 쳇바퀴란 "어제 고맙게 여겼던 것을 오늘은 당연한 권리로 여기고, 한 번 누리고 두 번 누리니 즐겁게 누리는 마음이 갈수록 줄어드는 심리 성향이다." (린다 그랜튼)

그대는 성공할 것이다

지혜는
지식과 경험이 어우러진
분별력으로 드러난다.

모든 성공의 시작이
분별력임을 감안할 때

그대가
지혜와 동행하면
성공할 것이다.

―

"지식을 쌓은 후에 자기만의 발상(지혜)을 가지지 못한다면,
그 지식은 아무 쓸모가 없다." (유대 잠언)

chapter 3

슬픔이 지혜를
넘보지 못하게 하라

그대는
이미 오른 계단을
늘 성찰하라.

분노, 스스로에게 가하는 벌

한 지혜자가 말하기를

"분노는…

다른 이가
잘못을 저질렀는데
자기에게
벌을 주는 것이다."[21]

지혜자는 고독사하지 않는다

"말의 무의미함에서 회복하려"[22] 여러 날을 침묵하는 이에게 외로움이 다가갈 여지는 없다. 이런 이에게 고독은 살아 있음의 원천이어서 그 어떤 외로움에도 흔들리지 않는다.

지혜자인 그대는
고독사하지
않을 것이다.[23]

―

고독은 '고독을 모르는 이들의 방식을 자연스럽게 따르지 않거나 그들과 어울리지 않는 것에 익숙한 자'의 특권이다.

슬픔이 지혜를 넘보지 못하게 하라

슬플 때가 있다. 그 슬픔이 너무 깊어 절망에 빠질 때도 있다. 그러나 그대는 슬픔이 지혜를 넘보지 못하게 하고 어떤 순간에도 절망해서는 안 된다.

절망은
영혼을 산산조각 내기
때문이다.

—

"슬픔과 절망은 다르다. 슬픔은 위로할 수 있는 고통이다. 여러 가지 가운데서 좋은 것 하나를 잃었을 때 슬픔이 찾아온다. … 하지만 절망은 위로할 수 없다. 궁극적인 무언가를 잃었을 때 찾아오는 것이 절망이기 때문이다. 어떤 의미나 희망의 궁극적인 원천을 잃으면 그 무엇으로도 대체할 수 없다. 영혼이 산산조각 나기 때문이다." (티머시 켈러)

그대는 실패의 눈물로
꽃을 피워라

"성공의 반은 죽을지 모른다는 절박한 상황에서 비롯되고, 실패의 반은 잘 나가던 때의 향수에서 비롯된다."[24]

성공은
실패의 눈물로 핀
꽃의 향기다.

부족함이 없어야 한다

세상엔
원하는(want) 것에
집착하다가
반드시 필요한(need) 것을
포기하는 이들이 적지 않으나

그대는
필요한 것만으로
부족함(want)이 없어야 한다.[25]

원함은 이내 열망이 된다. 이렇게 되면 "사람들은 열망하는 것을 얻을 방법을 끝없이 찾아다닌다. 그것을 얻기 위해서라면 많은 희생도 기꺼이 감수한다. 그러면서 우리 마음속 가장 깊은 곳에 깃든 열망들이 최악의 결과를 낳을 수 있다고는 상상도 하지 못한다." (티머시 켈러)

지혜를 방해하지 마라

경험 없는 실력으로
재주 부리려다
거지 되고,

실력 없는 경험으로
설치다
사기꾼 된다.[26]

그대는
실력과 경험을 갖추되,
이것들이 지혜를 방해하지
못하도록 하라.

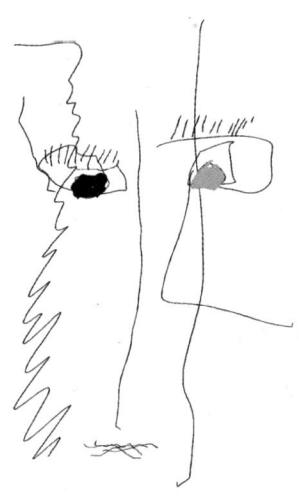

성공은

실패의 눈물로 핀

꽃의 향기다.

선한 사람, 참부자, 지혜자

그대 주위에
가난한 이들이 몰려든다면
그대는 선한 사람이고[27]

그대로 인해
그들의 삶이 나아졌다면
그대는 참부자이며[28]

그대로 인해
그들이 평안을 누린다면
그대는 지혜자이다.

"전심으로 남들을 도와야 한다. 이 사실을 다른 사람들이 안다면, 당신 주위로 사람들이 몰려들 것이고, 당신은 부자가 될 것이다. 이는 하나님이 부자를 통해 사람들을 먹여 살리는 방법이기도 하다." (월리스 위틀스)

좌절은 인생의 암이다

실패는
성공의 디딤돌이지만

좌절은
인생의 암이다.

그대는
실패를 반복하더라도
좌절하지 마라.

무심히 바라보라

모든 것을 잡으려고
일에 미친 이들이 넘치는
세상이다.

그대는
손에 잡힐 듯 말 듯한 것들을
붙잡으려고 집착하지 말고

무심히
바라보라.

이미 오른 계단을 성찰하라

우리는 성공이라는 정상을 향해 수많은 계단을 오른다. 하지만 성공을 가로막는 건 아직 오르지 못한 계단이 아니라, 이미 올라온 계단일 때가 많다.

그대는
이미 오른 계단을
늘 성찰하라.

초연하라

모든 진실은

조롱과 비웃음을 받고
격렬한 반대에 부딪히다 결국,
당연한 진리로
받아들여지기에[29]

그대는
진실을 말해
비웃음과 격렬한 반대에 직면해도

초연하라.

그대여, 난관을 피하지 마라

그대는
자기만족을 지연시키고
난관에 직면하기를
주저하지 마라.

지혜는
난관을 극복하면서
자란다.

돈거래에 신실하라

돈을 어떻게 이해하느냐가 그 사람의 의식을 드러내고, 돈을 어떻게 쓰느냐는 그 사람의 인격을, 돈거래를 어떻게 하느냐는 그 사람의 영혼 상태를 드러낸다.[30]

돈거래에 신실하다면,
그대는
지혜자다.

"사람의 관심과 에너지를 가장 많이 빼앗는 것이 돈이기에 돈에 대한 태도가 곧 그 사람의 인격과 품성, 신앙심을 그대로 드러낸다. 돈에 대해 신뢰할 수 없는 사람에게서 바른 인격과 품성, 성숙한 신앙을 기대할 수 없다." (랍비 츠비 히르슈 코이도노버)

지적 생산성을 높여라

지혜자가 되려면
무엇보다도

그대는
열심히 공부하여
지적 생산성을
높여야 한다.

―

지혜는 저비용 고효율적이며, 물리적·지적·영적 레버리지 활용과 깊은 관련이 있다.

바람둥이와 지혜자

바람둥이는
1,000명을
사랑하려 하지만

그대는
연인 또는 배우자를
1,000가지 방식으로
사랑하라.

대충 시작하라

지혜자는

'대충 시작해야
완벽하게 끝난다'

라는 비밀을 아는
극소수에 해당한다.

그대는
이 극소수에
해당하는가?

―

"일단 시작하고 행동해야 뇌가 바뀐다." (장동선, 뇌과학자)

스스로에게 엄격하라

어리석은 자는
남에게 엄격하고

지혜자는
자기에게 엄격하다.

그대는
스스로에게 엄격하라.

―

"대인은 자기에게 엄격하고, 소인은 타인에게 엄격하다."
(공자)

돈은…

돈은

어리석은 자를
더 어리석게 만들고

지혜자를
더 지혜롭게 만든다.

―

지혜자에게 돈은 자신과 이웃의 형통함으로 이어진다.

시간으로 구매하라

대다수가
돈으로
무엇이든 사지만

지혜자는
시간으로 구매한다.

그대가
시간으로 구매하고 있다면

그대는
지혜자다.

지혜 없는 성공은
행복에서 멀어지고

지혜 없는 행복은
성공에서 멀어진다.

함께할 사람을 알아보는 눈을 키워라

다른 이들과 함께 일하면
많은 것을 성취할 수 있고,[31]

다른 사람을 통해 일하면
더 멀리 갈 수 있다.[32]

그대는
함께할 사람을 알아보는
눈을 키워라.

안 해도 될 일을 줄여라

대부분
일을 많이 해서
돈을 벌지만

그대는
안 해도 될 일을 줄여서
돈을 벌고

시간의 자유를
누려라.

절제라는 호사를 누려라

편안함 중독과 사치성 호사는
그대의 잠재력을
고갈시킨다.

이런 이유로, 지혜자는
최소한의 편안함과
절제라는 호사를
누린다.

———

"만족이 정상적인 부라면 사치는 인공 빈곤이다." (소크라테스)

먼저 맷집과 냉철함을 키워라

전문성을 키우겠다고 펀치력에만 목숨 거는 세상이다. 그러나 슈가 레이 러너드(권투 선수)가 "상대를 쓰러트린 건 내 펀치가 아니라 냉철함이다"라고 말했듯이 맷집 없는 펀치력은 허당이고, 냉철함 없는 펀치력은 무모하다.

그대는
펀치력보다 먼저
맷집과 냉철함을 키워라.

지혜 없는 행복을 무시하라

사람들은 다 나름의 방식으로
행복과 성공을 추구하지만
그대는 "지혜 없는 행복과 성공을 바라지 마라."[33]

지혜 없는 성공은
행복에서 멀어지고

지혜 없는 행복은
성공에서 멀어진다.

전략과 기량

어리석은 자는
자기 기량만
최대로 발휘하지만

그대는
전략에 따라
최고의 기량을 발휘하라.

―

전략(strategy)의 어원은 그리스어 στρατηγία(스트라테기아)로 '부대 지휘', '장군 직위' 또는 '지휘'를 뜻한다. '장군' 또는 '군사령관'을 뜻하는 στρατηγός(스트라테고스)에서 유래했다. 그리스의 왕들은 전쟁에서 이기기 위해 전술 능력이 탁월한 장군을 파병했다. 리더가 적절한 인재를 찾는 것은, 곧 자신의 전략을 실행할 적임자를 찾는 것이다.

지혜로운 부모가 돼라

부모의 지혜를 보고
자란 자녀는
더 성숙하여
자신과 이웃을 책임진다.

지혜로운 부모가 되는 것은

그대의
사명이다.

기억을 사라

결과적으로
돈 쓰러 관광을 가는
이들이 많지만

그대는
후에 좋은 추억이 될
기억을 사기 위해
여행하라.

chapter 4

내일은
어느 방향에서 오는가

그리고
내일이 오는 것보다
내일이 어느 방향에서 오는가가
더 중요하다.

내일은 어느 방향에서 오는가

사람들에게는 어디에 있느냐가 중요하지만 지혜자에게는 어디로 가고 있느냐가 중요하고,[34] 사람들은 그리도 바쁘게 살지만 지혜자에게는 무엇을 위해 바쁘냐가 중요하다.[35]

그리고
내일이 오는 것보다
내일이 어느 방향에서 오는가가
더 중요하다.

다시 바닥에서 시작하는 짜릿함

바닥에서
다시 시작하는
짜릿함을 맛보았다면

그대에게
새로운 도전이란

성공을 확인하러 가는
발걸음이다.

―

"인생의 묘미는 자신감을 가지고 직접 미지의 세계로 뛰어드는 것이다. 미지의 세계에 우리가 상상하는 모든 성공의 가능성이 숨어있기 때문이다." (마크 스티븐스)

목적 없는 인생엔 행복이 없다

그대는
인생의 목적을
분명하게 정하라.

목적지 없이 움직이는 배에겐
어떤 바람도
순풍이 될 수 없듯이

목적 없는 인생에게는
어떤 행운도
행복이 아니다.

성공에는 공식이 없다

성공 공식들이
난무하는 세상이다.

그러나 모두
공식(空式), 빈 껍데기일 뿐
성공에는
공식(公式)이 없다.

그대는
불가능에 도전하고
또 도전하라.

진정한 성공은 모두가 불가능하다고 하는 것을 가능하게 하는 것이다. 이 과정에서 도전과 실패는 성공의 한 부분이다.

그대는 레버리지의 마술사가 되어라

"작은 일로
전체를 꿰뚫어 보고
실마리 하나로
결과를 예측하는"[36]
지혜자는

작은 것으로
큰 것을 움직이는

레버리지의 마술사다.

레버리지(leverage): 지렛대(lever) 효과, 작은 힘으로 큰 결과를 만들어내는 기술. 원래 물리학에서 유래된 개념이지만, 지금은 경제, 투자, 전략, 일상적인 사고방식 등에서도 널리 쓰인다.

많이 벌고, 적게 바라라

부자가 되는
두 가지 방법이 있다.

하나는
열심히 많이 버는 것이고,

다른 하나는
가능한 한 적게 바라는 것이다.[37]

그대는
많이 벌고
적게 바라라.

"돈을 열심히 벌어서, 자신이 원하는 바람직한 라이프 스타일을 추구하고 선한 일을 하는 데 쓰면, 그 가치는 더욱 높아질 뿐만 아니라 돈이 점점 많이 벌린다." (린다 그랜튼)

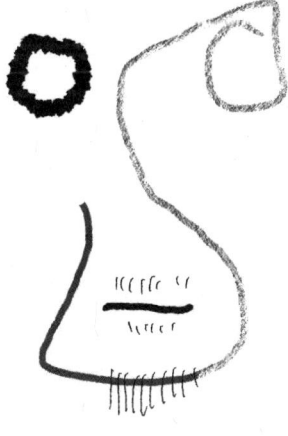

침묵은
문제를 해결하고

미소는
많은 문제를 피한다.

그대 주변에 누가 있는가

지인 중에 유명 상표가 드러나는 옷차림, 고급 가구로 장식된 집, 고가의 자동차로 재력을 드러내는 이들이 많은가, 격조 있는 태도, 자기만의 라이프 스타일, 인문학적 소양과 성숙함이 자연스럽게 드러나는 이들이 더 많은가.

후자에 둘러싸여 있다면

그대는
지혜자다.

"호화로운 장식을 하는 것은 결국 다 남들에게 잘 보이려는 짓이다. 그처럼 겉치레를 중시하는 사람은 현재 가난하지 않더라도 앞으로 가난해질 것이다." (죠셉 케네디)

위대한 사고에 집중하라

위대함은
위대한 사고로부터 온다.

내면의 위대함 없는 위대함은
위선이다.

그대는
늘 내면과 대화하며
위대한 사고에
집중하라.

돈을 약으로 사용하라

돈은
어떤 이에게는
독이지만

어떤 이에게는
약이다.

그대는
돈을 약으로 사용하라

―

"돈이라는 게 똥하고 똑같아서 모아 놓으면 악취가 진동하는데, 밭에 골고루 뿌려 놓으면 좋은 거름이 된다." (김장하)

자녀의 본이 돼라

그대는
주변에 본받을 사람이 없다고
탓하기 전에 먼저,
자녀의 본이 되어야 한다.

부모의 일평생을
지켜보는 것만큼
자녀에게
소중한 유산은 없다.

그대는,
자녀의 '본'이 돼라.

———

"자녀들이 부모의 말을 전혀 듣지 않는 것을 염려하지만 실은 자녀들이 늘 부모를 지켜보고 있음을 걱정해야 한다." (R. 풀검)

변명하지 마라

자신의 궁색한 삶을
변명하는 이들이 많으나

핑계는
자기 영혼을 죽이는
죽음의 찬가일 뿐이다.

그대는
변명하지 마라.

―

"우리는 종종 과거의 자신에게 일어났던 문제가 자신을 다른 사람들과 다른 유별난 사람으로 만들었다고 느끼면서, 그것을 스스로 발전하지 못하는 하나의 핑계로 삼곤 한다. 사람 대부분은 궁색한 현재의 삶에 대해 그럴듯한 변명을 가지고 있다." (케이시 트릿)

시간에 쫓기지 마라

무슨 일이든
시간에 쫓겨
엉성하게 마무리하면

시간은
그 엉성함을
철저하게 밝혀낸다.

그대는
어떤 경우에도
시간에 쫓기지 마라.

―

지혜자는 엉성한 마무리가 평생 자기를 괴롭힐 것을 잘 안다.

리스크 테이킹의 전문가가 되어라

우리는 실패보다는 후회 때문에 더 절망한다. 그러나 후회하지 않으려고 저지르는 무모한 도전은[38] 삶을 망친다. 지혜자의 도전은 대단히 전략적인 리스크 테이킹이어야 한다.

그대는
리스크 테이킹의
전문가가 되어라.

―

리스크 테이킹은 '위험을 감수하되, 그만한 가치가 있다고 판단하여 행동에 나서는 것'이다. 리스크 테이킹은 정보를 수집하고, 계산하고, 감당 가능한 범위에서 시도한다. 무모한 도전은 무모할 뿐이다.

지혜자가 지혜자를 찾아낸다

지혜자가

그대를 가까이 두려 하면
그대는 이미 지혜자의 길에
들어선 것이다.

지혜자가
지혜자를 찾아낸다.[39]

인격의 향기를 발산하라

과소비는 미성숙의 표시고
저축은 성숙의 증거이며[40]
기부는 인격의 향기다.[41]

그대는
인격의 향기를
발산하라.

감사와 마찬가지로 기부 또한 행복 바이러스다. 돈이 많아지면 안정 지수는 높아지지만, 행복 지수가 높아지는 것은 아니다. 재산이 많아지면 역시 재산이 많아 더이상 행복하지 않은 이들과 어울리게 되어, 행복 바이러스에 전염될 가능성은 줄어든다. 행복은 행복한 사람들과 함께 있을 때 전염된다. 그 최고의 방법 중 하나는 가난한 이들을 행복하게 해주는 것, 즉 기부 등을 통해 그들이 가난을 면하도록 도와주는 것이다. 열심히 벌어 행복을 유지할 만큼 쓰고, 남은 것은 기꺼이 이웃과 세상을 위해 쓸 때, 그것은 행복이라는 이익으로 돌아오는 최고의 투자가 된다.

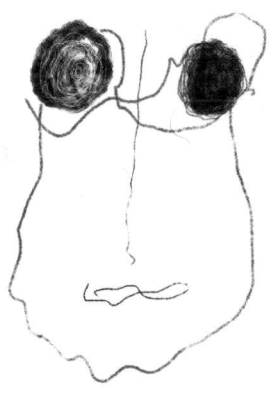

지혜자는

'노 땡큐'를
말하는 것이
자연스러워지기 전까지는

'예스'라고
말하지 않는다.

명품을 입고 감옥에 사는 자

수입 명차를 타고
고급 주택에 살기 위해
하기 싫은 직업을 유지해야 한다면

그대는

명품 옷을 입고
감옥에 사는
지혜 없는 자이다.

이기고도 망하는 싸움

해 아래,
이기고도 망하는
싸움이 있다.

바로
말싸움이다.

그대는
말싸움하지 마라.

스스로 지혜자라 칭하지 마라

<u>스스로</u>
지혜자라 칭하는 이를
경계하라.

그는 세상에서
가장 어리석은 자다.

―

"나는 많이 읽고, 많이 알수록, 아무것도 모른다는 사실을 더 확신하게 된다." (볼테르)

나태함을 여유로 …

나태함을 여유로,
멍청함을 착함으로,
무분별한 열심을 신념으로
착각하지 마라.

이는
지혜 없는 자들의
자기만족이다.

그대는
이러지 마라.

소통에서 신뢰로, 신뢰에서 지혜로

처음 6개월은
신뢰보다 소통이 더 중요하나

6개월이 지나면
신뢰가 소통보다 더 중요하고[42]

그 후로는
지혜가 더 중요하다.

가족과 친구에게
가능한 많은 시간을 투자하라

가족과 친구들에게
최소한의 시간을 쓰면서도,

'양이 아니라 질이야'라고
주장하는 이들이 있다.

그대는
가족과 친구들에게
가능한 많은 시간을 투자하라.

―

"'양이 아니라 질이야'란 주장은 전형적인 'quality, not quantity trap'(질 우선 사고의 함정)이다." (켄 엘드레드)

고독의 자리에 머무는 훈련을 하라

양치기가
혼자 있는 법을
가장 먼저 배워야 하듯

그대는
먼저 '자신'과
잘 어울려 지내기에
익숙해져야 하고,[43]

고독의 자리에[44] 머무는 훈련을
해야 한다.[45]

———

"인류의 모든 문제는 인간이 홀로 방에 조용히 앉아있지 못하는 데서 생겨난다." (파스칼)

침묵과 미소를 배워라

그대는
지혜자의 침묵과 미소를
배워야 한다.

침묵은
문제를 해결하고

미소는
많은 문제를 피한다.

―

우리가 지혜자의 지혜를 쉽게 따라 할 수는 없지만, 그들의 침묵과 미소를 배우는 것은 분명 우리의 지혜다.

돈을 통제하라

많은 이들이
돈에 휘둘려
몸과 마음이 엉망이지만

그대는
돈을 통제하여
부를 구축하고

자유를
누려라.

건강과 금과 시간은 신이 준 선물이다. 경제적 자유와 시간적 자유가 없는 건강한 삶은 상상할 수 없다.

그대는 먼저 '노 땡큐'를 배워라

지혜자는

'노 땡큐'를
말하는 것이
자연스러워지기 전까지는

'예스'라고
말하지 않는다.[46]

"일론 머스크는 자신의 시간과 관심, 에너지를 요구하는 사람들에게 '노'라고 말했다. 자신의 목표를 향해 자원을 집중하기 위해 '노'라고 말했다. 나는 모든 '노' 뒤에는 자신이 진정으로 원하는 것에 대한 더 깊은 '예스'가 있다는 것을 깨달았다."(저스틴 머스크, 일론 머스크의 전처)

먼저 가정 세우기에 헌신하라

사람들은
비싸고 멋진 집을 짓는 것에
그토록 집착하지만

그대는
행복과 기쁨이 가득한
가정을 세우기에
헌신하라.

―

예나 지금이나, 해 아래 건강한 가정(home)보다 중요한 것은 없다. 그러나 우리는 가정보다 멋진 집(house)에 더 집착하는 시대를 살고 있다. 이는 인류가 감당할 수 없는 재앙이다. 그러므로 이 시대를 본받지 말라.[47]

격을 잃지 말고 비난을 받아들여라

바다가
그 깊이를 잃지 않고
강물을 받아들이듯

그대는
그대의 격을 잃지 말고
비난을 받아들여라.

chapter 5

지혜 없는
행복은 없다

그대가 원하는 것을
주지 않는 것은
더 큰 것을 주기 위함이다.

이를 아는 것만 한
지혜도 드물다.

지혜에 우선순위를 두라

지식과 지성에
우선순위를 두는 자에게
돈이 따라오듯[48]

그대가
지혜에
우선순위를 둔다면

부와 형통을
누릴 것이다.

부자처럼 생각하라

어리석은 자는
부자처럼 살아
가난해지지만

그대가
부자처럼 생각하면
부자가 될 것이다.

유혹에 흔들리지 마라

진정한 영웅은
유혹을 물리치는 사람이다.

"육체는 강하지만 유혹 앞에 무너지는 사람은 유약한 사람이고, 육체는 약해도 결코 유혹에 빠지지 않는 사람은 영웅이다."[49]

그대는
유혹에 흔들리지 마라.

지혜 없는 행복을 의심하라

그대는
돈이 끊기면 사라지는 성공을
쫓지 말고

지혜 없이도

가능하다는 행복을
의심하라.

"지혜가 없으면, 행복할 수도 성공할 수도 없다." (유대 잠언)

우정은 인생의 필수다

지혜자는
선과 미덕을 주고받을 수 있는
친구가 있으나

실패자에게는
그런 친구가 없다.

그대에게는
그런 친구가 있는가?

―

"우정은 일종의 탁월함이나 미덕을 포함하는 것이며, 더 나아가 인생에 필수다. 아무리 부유하거나 권력을 가진 자라도 진정한 친구가 없다면 아무것도 아니다." (아리스토텔레스)

절박한 이들을 도와라

절박할 때 도움을 청하기도 전에 먼저 다가와 도와주는 이들이 있다. 그러나 대개는 도울 능력이 있음에도 외면한다.

그대는
그 차이를
절대 잊지 마라.

―

절박한 이들을 외면하지 마라. 절박한 이들을 보면 도움을 청하기 전에 먼저 다가가 도와라.

되는 일은
된다고 믿는 이들과
동행하듯

지혜는
지혜자와 함께한다.

고통은 더 큰 것을 주기 위함이다

삶이 그대에게
작은 고통을 주는 것은
더 큰 고통을 막기 위함이고

그대가 원하는 것을
주지 않는 것은
더 큰 것을 주기 위함이다.

이를 아는 것만 한
지혜도 드물다.

늘 마음을 새롭게 하라

지식은
그대의 급(class)을 높이고,

지성은
그대의 격(classy)을 넓히며

지혜는
그대의 속(mind)을 깊게 한다.

그대는
늘 마음(mind)을 새롭게 하라.

고독을 소중히 여겨라

"고독[50]은
발명의 비법이요,
아이디어의 샘이다."[51]

고독을
소중히 여기는 자는
복이 있다.

지혜자의 일상을 익혀라

지혜자는
강한 사람이 아니다.

지혜자의 일상은
물처럼 자연스럽게 흐를 따름이다.

그대는
지혜를 사모하고[52]
지혜자의 일상을 익혀라.

비난이란 벽돌로 인생의 기초를 쌓아라

사람들은
비난의 벽돌이 날아오면

아프다고 징징대거나
벽돌을 주워 되던지기에 급급하지만

그대는
그 벽돌로
인생의 기초를 쌓아야 한다.[53]

―

사람들은 그대에게서 흠(wrong)을 못 찾으면 결국 흠을 만들어(create) 내고야 만다. 그 비난에 그대가 제아무리 우아하게 넘어져도, 누구도 그대를 책임지지 않는다. 그러므로 사람들의 비난을 노골적으로 무시해라.

어제보다 더 지혜로워져라

그대가
실수하거나
잘못을 저질렀을 때
이를
인정한다면

이는 그대가
잘못을 저지르기 전보다

더 지혜로워졌다는
증거이다.

―

"오늘 그대가 잘못을 인정한다는 건 그대가 어제보다 더 지혜로워졌다는 것이다." (조나단 스위프트)

시간을 훔친 자는 날강도다

돈을 훔친 이가
도둑이라면

시간을 훔친 자는
날강도다.[54]

그대는
타인의 시간을 훔치지 마라.

자부심을 높이라

자신을 비하하며
자존심으로 버티는 이들이 많지만

그대는
자신을 격려하여[55]
자부심을 높이라.

—

"자부심은 진정한 성취의 결과이다. 무언가를 성취함으로써 우리는 다른 이들로부터 존경을 받고 자부심도 갖게 된다. 성취 경험이 없는 이들은 자존심을 세우려 든다." (다니엘 라핀)

실수는 일기의 한 페이지일 뿐이다

실수는
그대가 쓴 일기의 한 페이지이고

관계는
일기 전체이다.

그대는
그 한 페이지 때문에
일기 전체를 포기하지 마라.

비난하지 마라

증거가 확실해도 비난하지 마라.
증거 그 자체로 그는 이미 비난을 받았다.

남을 비난하는 자는
아직 갈 길이 멀었고

자기를 비난하는 자는
절반 길을 왔고

그대가
도무지 비난하지 않으면
이미 목적지에 도착해 있다.[56]

지혜와 동행하라

안 되는 일은
안 된다고 생각하는 이들을
쫓아다니고

되는 일은
된다고 믿는 이들과
동행하듯

지혜는
지혜자와 함께한다.

그대는
지혜와 동행하라.

"무슨 일이든 된다고 생각해라. 그러면 53%는 이미 이루어진 것이다." (안정삼)

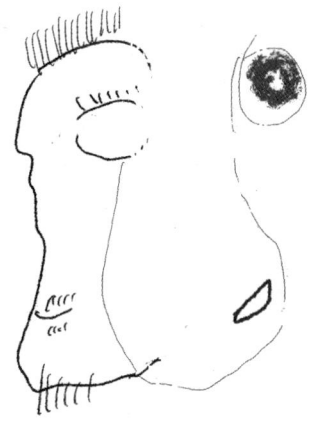

힘들고 어려울 때
도움을 주고받을 수 있는
사람들과
견고한 관계를 맺으며 사는 것이
최고의 지혜다.

시간을 선용하라

시간을 낭비하여
파멸에 이르는 이들이 많지만,[57]

지혜자는 시간을
선용하여
부와 여유를 누린다.

그대는
시간을 선용하라.

―

명품 시계를 차고 다니면서 시간을 관리할 줄 모르는 80억 명보다, 고물 시계를 차고 시간 관리 잘하는 1인이 우리에게 더 필요하다.

미끄러진 곳을 보라

그대는

"넘어진 곳을 보지 말고
미끄러진 곳을 보라."[58]

서로 의지하라

그대는
사람들과 서로 의지하며
살아가도록 태어났다.

힘들고 어려울 때
도움을 주고받을 수 있는
사람들과
견고한 관계를 맺으며 사는 것이
최고의 지혜다.[59]

―

그대의 네트워크 안에 있는 이들을 도울 방법을 모색하라. 네트워크 안에 있는 이들에게 정기적으로 연락을 취하라. 서로에게 유익이 될 수 있는 사람을 소개해 주어라. 항상 먼저 주어라.

인생을 쓰레기화하지 마라

모르는 이들에게
멋지게 보이려고
아직 벌지도 않은 돈을
써버리는(waste) 이들이 있다.[60]

이들은
돈과 그리고 결국엔 인생을
쓰레기화(waste)한다.

그대는
인생을
쓰레기화하지 마라.

고급 주택에 살기 위해 정말 싫은 직업을 유지해야 한다면, 명품 옷을 입고 감방 생활하는 거나 다름이 없다.

돈밖에 없는 사람이 가장 가난하다

돈 벌기에
미친 세상이다.

그러나 "가장 가난한 사람은 돈밖에 없는 사람이다."[61]
그들은 풍요를 살 능력이 없다.

지혜자는
끝없이 읽고,
깊이 사유하고,
조용히 성장하며
삶을 풍요롭게 한다.

그대는
이것을 배우고 따르라.

—

"사람이 돈으로 살 수 없는 것이 딱 하나 있으니, 그것은 바로 그 자신이다. 하나님의 분노는 돈을 주고도 가라앉힐 수 없다. 사탄의 횡포도 돈으로 해결할 수 없다. 따라서 재

물은 인간이 정말 바라는 것 앞에서는 결정적으로 무기력할 뿐 아니라 무상한 존재가 아닌가?" (자끄 엘륄)

자녀의 고독에 기웃거리지 마라

누구라도
고독이 간섭당하면
영혼이 피폐해지듯

어린아이의
고독이 침범당하면
그 인생이 망가진다.

지혜자는
자녀의 고독에
기웃거리지 않는다.

고통은 성숙의 디딤돌이다

살아 있기에
아프고, 괴롭다.

많은 이들이
아픔과 괴로움으로
후회할 때

그대는
그 고통을
성장과 성숙의
디딤돌로 삼아야 한다.

자부심이 성공을 부른다

인간의 정신과 육체가 일치할 때 몸이 최고의 능력을 발휘한다. 자신이 하는 일에 내재한 도덕성에 깊은 확신과 도덕적으로 정당하다는 자부심을 가질 수 있다면, 그 결실은 상상을 초월한다.[62]

그대가
자기 일에 떳떳하다면
부를 구축하는 것은
당연하다.[63]

목적을 이루기 위해 수단과 방법을 안 가리는 이들은 자기 일에 대한 자부심이 없는 사람이다. 그들은 돈을 벌어도 부를 누릴 수 없다.

부모 공경은 사랑과 성공의 시작이다

부모 공경은
자기 외의 존재에 대한
사랑의 시작[64]이자 완성이다.

어려서부터 몸에 밴
이타적 사랑으로
이웃에게 칭찬을 듣고 성장한

지혜자가
사회에서 성공하는 것은
당연하다.

다니엘 라핀에 의하면, 부모 공경을 통해 우리는 "다른 이들을 단지 욕망의 수단으로만 바라보지 않는" 성숙하고도 건강한 관계를 형성하는 지혜를 소유하게 된다. 이 관계는 부모를 공경함에서 시작되며, 부모를 공경하는 것은 매우 건강하고 성숙한 삶의 주춧돌이 된다.

두 지름길

나이 들어
젊게 사는 건
행복의 지름길이나

가난한데
부자처럼 사는 건
불행의 지름길이다.

성숙은 자랑하지 않는 곳에 있다

많은 이들이

조금 더 있는 돈과
조금 더 아는 지식과
조금 더 난 미모를 자랑하나

그대는
복이 보이지 않은 곳에 있듯,
성숙은 자랑하지 않는 곳에 있음을
명심하라.

chapter 6

야자수처럼
모든 바람을 즐겨라

그대는
늘 그대의 마음속 깊숙이
들락거리며
영혼의 소리를 들어라.

야자수처럼 모든 바람을 즐겨라

야자수가
모든 바람을 즐기듯

그대는
어떤 상황에서도

기쁨, 성공, 행복은 누리고,

고통, 슬픔, 불행과는
벗할 줄 알아야 한다.

―

"마치 야자수처럼 인생의 모든 바람을 즐겨야 한다. 지금은 가진 것이 적고 시련이 있다 하더라도, 인생을 즐겁게 살아갈 때 더 많은 풍요와 좋은 일들이 달라붙는다." (마크 스티븐스)

지혜는 영혼을 춤추게 한다

대개들
궁색한 형편을
그럴듯하게 변명하나

변명은
그대의 영혼을
방황하게 할 뿐이다.

지혜는
현실을 레버리지하여
그대의 영혼을
춤추게 한다.

―

가난은 책에서만 낭만적이고(시드니 쉘던), 변명은 미래를 부패시키는 곰팡이일 뿐이다.

그대는 여행을 떠나라

많이 이들이
관광을 떠날 때

그대는
여행을 떠나라.

관광이
새로운 것을 보는 것이라면

여행은
낯선 이들과 교류하며
새로운 시각을 얻는 것이다.

쉼은 하나의 예술이다

쉼은
하나의 예술이다.

몸이 피곤할 때
회복을 주고

마음이 흔들릴 때
안정감을 주고

관계가 엉망일 때
성숙한 거리감을 주고

분별력이 흐려질 때
총명함을 주고

생각이 흐트러질 때
집중력을 주고

모방(답습)의 늪에 빠졌을 때

새로운 생각을 주고

정서가 불안할 때
안전감을 주고

영혼이 힘들 때
평안을 준다.[65]

그대여
쉼의 축복을 누려라.

모든 기술은 발전하는데 쉬는 기술만 퇴보하는 시대를 살고 있는 우리는, 이제 곧 쉼을 잃어버린 세계인 디스토피아에서 살게 될 것이다.

태도로 영감을 불어넣어라

많은 이들이
가진 것과 아는 것으로
좋은 인상을 남기려
애쓰지만,

그대는
일상의 태도로
만나는 이들에게
영감을 불어넣어라.

몸에 밴 겸허함과

냉정한 절제로

여유를 유지할 수 있다면

그대는

지혜자다.

겸허함과 절제의 여유를 유지하라

'성공과 실패'를 가르고
'행복과 불행'을 나누는 핵심은,
분수다.

몸에 밴 겸허함과
냉정한 절제로
여유를 유지할 수 있다면

그대는
지혜자다.

세 부류

그대에게는
세 부류의 사람이 있다.

기부와 멘토링으로
도와줄 대상,

생산적 시너지를 위한
파트너,

그리고
나를 성장시켜줄
멘토 또는 멘토 그룹이다.

삶, 살다 그리고 삼다

인생은 '삶'이다.
더불어 '살'며,
벗 '삼'는 것이다.

더불어 사는 삶을 포기하거나,
벗 삼기를 외면하면
죽은 인생이다.

그대에게
더불어 사는 것과
벗 삼기는
운명이다.

겸손하라

누구라도
남보다 더 많이 알게 되면
외로워진다지만

지혜자는
더 겸손해진다.

겸손은
성숙에서 발산되는
배려이다.

그대여
겸손하라.

"외로움은 주위에 사람이 없어서가 아니라, 중요한 것을 나눌 수 없기 때문에 생긴다." (칼 융)

모두가 싫어하는 일을 먼저 하라

모두가 싫어하는 일을
먼저 하는 이는
성공한 자이고

그 일을
은연중에 찾아내서
남모르게 해내는 이는
지혜자다.

그대는 이렇게
성공한 지혜자를
따르라.

―

"성공하는 사람은 성공하지 못한 이들이 하고 싶어 하지 않는 일을 하는 습관이 있다. 물론 그들도 그런 일을 하고 싶지 않기는 마찬가지이다. 그러나 그들은 목적의식이란 힘으로 그것을 극복하고, 하기 싫은 일을 하고 싶은 일로 만든다." (알버트 그레이)

아들의 인생에 개입해야 할 시간

아들이
11세에서 15세 사이가 되면
아들의 인생에
아버지가 반드시 개입해야 한다.

이때 아버지의 개입이 없으면
소년은 힘든 길을 걷게 된다.[66]

지혜자는
아들의 존경을 받으며
아들에게 개입하기 위해
모든 지혜를 사용한다.

"당신이 아버지를 사랑하고 존경하며, 나이 든 다른 남자들의 사랑과 존경을 받을 수 있는 상태에 이를 때까지 당신은 소년의 상태를 벗어나지 못한다." (스티브 비덜프)

불확실성 앞에 나서라

대개는
불확실성에 도전하는 것을
두려워하나[67]

불확실성에 도전하지 않고
성공하는 방법은 없다.

그대는
공격적으로
불확실성에 도전하라.

―

"확실성은 평범한 삶의 특징인 반면, 불확실성은 영적인 삶의 특징이다." (오스왈드 챔버스)

열매를 남기고 사라져라

모두가 산소 덕에 살다
산화 때문에 죽지만

그대는
지혜로 살면서
그 열매를 남기고 사라지는
복을 누려라.

문제를 기회로 삼아라

그대는

문제를
장애물로 보지 말고

이제껏 발견하지 못한
기회로[68] 여겨라.

공존의 지혜를 찾아라

이겨야 산다지만
이길수록 패망인 것이
인생이다.⁶⁹

이겨도 지고,
져도 진다.

그대는
이기지도 지지도 않는
공존의 지혜를 찾아
더불어 살아라.

"싸워서 승리를 얻기는 쉽지만, 그 성과를 계속 지키기는 어렵다. 따라서 천하의 강국 중에서 다섯 번이나 승리를 거둔 자는 파멸하고, 네 번의 승리를 거둔 자는 피폐하며, 세 번 승리를 거둔 자는 패자(霸者)가 되고, 두 번 승리를 거둔 자는 왕이 되며, 단 한 번의 승리로 사태를 수습한 자만이 황제가 될 수 있다." (오자)

쉬워지기 전까지는 다 어렵다

세상만사
쉬워지기 전까지는
다 어렵다.

어려움의 끝은
쉬움이라는 것을
잘 알고
또 안심할 줄 안다면,

그대는
지혜자다.

침묵을 수련하라

수다는
지혜를 고갈시키고

대화는
지혜의 고갈을 막고

침묵은
지혜에게 영양분을
공급한다.

그대는
침묵을
수련하라.

자녀는 보여준 만큼 자란다

칭찬만 듣고
자란 자녀가
얼마나 성숙하겠는가?

부모의 지혜를 보고
자란 자녀가

자신과 가족을 책임지고
이웃을 돕는다.

자녀의 인생을 망치지 마라

있는 떡을 다
자식에게 주고도
부족하다고 생각하는 게
부모의 마음이지만

"떡 하나 더 주는 것이
자녀의 인생을 망친다"는 지혜를
실행하는 부모는

가문을 형통하게 한다.

그대는
이 지혜를 배우라.

안전빵을 거부하라

많은 부모들은
자녀가
남들이 다 가는 길을 가며
안전빵을 먹도록 강요하지만

그대는
자녀가
쉰 빵을 먹더라도
자기만의 길을 가도록
도와야 한다.

―

창조적인 이들에게 야성을 상실한다는 것은 죽음을 의미한다. 자녀가 안전빵에 중독되어 틀에 박힌 일이 주는 따분함을 받아들이는 삶을 살게 하기보다는, 쉰 빵을 먹더라도 안정이라는 궤도를 이탈하여 남들이 하지 않는 일을 저지르는 삶을 살도록 돕는 것이 지혜자의 사명이다.

세상만사
쉬워지기 전까지는
다 어렵다.

어려움의 끝은
쉬움이라는 것을 잘 알고
또 안심할 줄 안다면,

그대는 지혜자다.

배우자에게 존경받아라

"세월이 갈수록 배우자가 자신을
더 좋아하고, 더 존경하는 것"을[70]
인생의 성공이라 여기는 이들이 있다.

그대는
날이 갈수록
배우자에게
더 존경받는 삶을
살아내야 한다.

관계 자산을 늘려라

재능, 절약, 부자 부모, 좋은 직업 때문에
부자가 된다고 생각하는
이들이 대부분이나

부는
사람들과의 성숙한 교류의
결과이다.

그대여
이렇게 관계 자산[71]을
늘려라.

―

지혜자에게 사업은 사람을 얻기 위함이다.

시간이 아닌
해를 보며 살아라

그대는
시간을
소중히 여기되

시간을 보며
살지 말고

해를 보며
살아라.

쉼의 전문가가 돼라

잘 해낼 수 있는 일도
쉼이 없으면
결국 불가능해지고

불가능한 일도
쉬며 쉬며 하다 보면
가능해진다.

쉼은,
기적을 만든다.

그대는
쉼의 전문가가 돼라.

성공자의 지혜를 본받아라

성공과 지혜는 단서를 남긴다.
성공한 사람을 연구하면
성공의 실마리를 찾을 수 있고[72]
지혜자를 본받으면
지혜의 보석함을 발견할 수 있다.

그대는
성공자를 연구하고
지혜자를 본받아

성공의 실마리와 지혜의 보석함을
발견하라.

끝없이 용서하라

노부부를 만나면
저분들은 얼마나 오랜 시간
사랑하며 살아왔을까를
자문하다가

결국엔
끝없이 용서하며 살아왔을
거라는 생각에 이른다.

지혜자에게
사랑의 대전제는

끝없는 용서다.

―

"사랑을 깊이 받으면 힘을 얻지만, 사랑을 깊이 하면 용기를 얻는다." (노자)

불평의 힘, 감사의 힘

불평은
불행을 부르고

감사는
행복을 부른다.

매사에 불평하면
그 평생이 불행하지만

그대는
범사에 감사하고
평생을 행복하라.

사소한 것에 감사하지 못한다면 아무것에도 감사하지 못한다.

영혼의 소리를 들어라

귀는
소리를 듣고

마음은
그 의미를 듣고

영혼은
그 뜻을 분별한다.

그대는
늘 그대의 마음속 깊숙이
들락거리며
영혼의 소리를 들어라.

주

1. 나폴레온 힐
2. 탈무드
3. Job 22:6
4. Harry Kim, 《아들아》, 130.
5. "돈은 우리를 타락시키는 것이 아니라, 단지 우리의 진정한 모습을 드러낼 뿐이다."(탈무드)
6. 프렌티스 멀포드
7. 길가메시, 중세 연금술사 등이 대표적인 무답인.
8. 정답인은 경쟁적이고 답습적이다.
9. 이답인은 the only one으로 창의성이 탁월하다.
10. 윌리암 로우
11. 탈무드
12. "유머 감각이 부족한 사람치고 의식구조가 썩 잘 되어 있는 이는 없다." (로맹 가리)
13. 임어당
14. 고리대금업자를 찾을 정도로 급전이 필요한 경우 등.
15. 레오나르도 다빈치
16. "인생에서 가장 중요한 기술은 돈을 버는 기술이 아니라 돈을 지키는 기술이다." (마이클 엘스버그)
17. 안정삼
18. 댄 밀러, 《나는 춤추듯 일하고 싶다》
19. 중국 태평성대의 상징 요순임금이 그랬다.
20. "나는, 내가 더 노력할수록 운이 더 좋아진다는 사실을 알게 되었다." (토마스 제퍼슨)
21. 탈무드
22. 칼 융

23 "고독사는 존재하지 않는다. 고독하지 못하여 외로워 죽을 뿐이다." (칼 융)
24 아놀드 토인비
25 내게 부족함(want)이 없다. (다비드)
26 Harry Kim, 31.
27 "살아 있는 동안 가난한 사람을 사랑하는 사람은 죽을 때 두려움이 없다." (유의배 신부)
28 Harry Kim, 146.
29 아르투르 쇼펜하우어
30 어떤 이의 믿음을 확인하려면 그의 돈거래 상태를 확인해 보라. (유대 잠언)
31 존 맥스웰
32 존 크레이그
33 유대 잠언
34 올리보웬델 홈스
35 헨리 데이빗 소로루
36 한비자
37 J. F. 쿨러
38 danger taking
39 디오게네스
40 리처드 템플라
41 부자라고 다 기부하는 것이 아니고, 가난하다고 다 기부하지 않는 것이 아니다. 지혜자는 기부한다.
42 존 맥스웰
43 괴테
44 solitary place
45 "고독 속에서 우리는 진정한 자아와 만난다. 그리고 그 진정한 자아를 통해서만 타인을 진정으로 만날 수 있다." (헨리 나우웬)
46 "'노 땡큐'라고 말하는 법을 배우기 전까지는 '예스'라고 말할 수 없다." (마크 H. 맥코맥)
47 빠블로

48 윌슨의 법칙(Wilson's Law)은 학습, 기술 개발, 지적 추구는 결국 재정적 성공과 안정으로 이어진다는 점을 강조한다.
49 랍비 죠셉 텔루슈킨
50 또는 '홀로 있음'
51 니콜라 테슬라
52 Harry Kim
53 "남들이 당신에게 던지는 벽돌로 단단한 기반을 쌓을 수 있어야 성공한다." (데이비드 브링클리)
54 랍비 모세 차임 루차또
55 "먼저 자기 자신을 격려하는 사람이 되어 보라! 이것은 상호적이다. 우리는 남들로부터 힘을 얻을 필요가 있고, 다른 이들의 사기를 북돋아 줄 책임도 있다." (탐 알렌)
56 고대 중국의 지혜
57 "시간을 낭비하면 인생 황혼기는 물론 인생 여명기에도 삶이 파멸에 이를 수 있다. 단지 인생 황혼기에 더 분명하게 드러날 뿐이지." (그린 허먼 오크)
58 아프리카 잠언
59 "우리는 함께 모여 서로 의지하며 살아가는 존재로 창조되었다. 우리는 힘들 때 도와줄 수 있는 사람들과 역동적인 관계를 맺어야 한다. 이런 관계는 실제로 도움이 필요하기 '전'에 미리 쌓아두어야 한다." (피터 로드)
60 신용카드를 사용하여 아직 벌지도 않은 돈을 써버리는 이들이 부지기수다.
61 죠셉 케네디가 아들인 존 F 케네디에게 보낸 편지 중
62 다니엘 리핀
63 자기 일에 자부심에 없는 사람은 등산화를 신고 경기하는 마라토너와 같다.
64 "부모를 공경하라는 계명은 부모뿐 아니라 주위에 있는 모든 사람과 어떻게 관계를 맺어야 하는지 그 원칙을 가르쳐 주는 최초의 약도이다. 다른 이들을 단지 욕망의 수단으로만 바라보지 않게 하는 것이다. 이 모든 것이 부모 공경으로부터 시작된다." (다이엘 라핀)

65 "노동이 하나의 기술이라면, 쉼은 하나의 예술이다." (아브라함 헤셸)
66 "소년의 영혼이 아버지 다음으로 찾는 것은 성적 관심이다." (존 에드리지)
67 "원숭이 앞에 바나나와 돈을 놓으면, 원숭이는 바나나를 선택한다. 그 돈으로 많은 바나나를 살 수 있다는 것을 모르기 때문이다. 마찬가지 이유로 대부분의 사람은 사업 대신 월급을 선택한다. 가난한 사람이 가난한 이유 중 하나는 그들이 창업 기회를 인식하도록 훈련받지 못했기 때문이다." (마 윈)
68 스튜어트 다이아몬드
69 지나친 승부욕과 경쟁심, 그리고 승리의 자만과 패배 의식은 인격이 바닥난 상태로, 그 끝은 파멸이다.
70 짐 콜린스
71 relational asset
72 빌리 에피하트

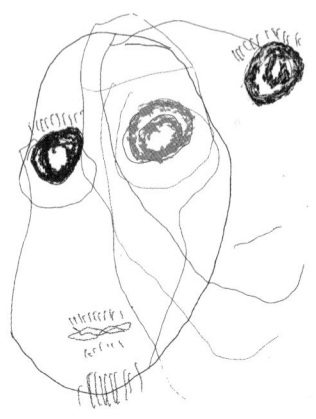

지혜란,

서로 손잡고 춤추면서도
상대의 발을 밟지 않는 것이다.

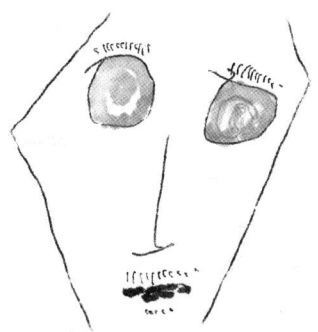

자신의 리듬을 강요하기보다,
상대가 경쾌한 발놀림으로
자기만의 리듬을 즐기며 춤출 수 있도록
배려하는 것이다.

고개를 들면 지혜가 보인다

2025년 9월 10일 초판 1쇄 인쇄
2025년 9월 16일 초판 1쇄 발행

지은이 | Harry Kim
펴낸이 | 이병일
펴낸곳 | **더메이커**
전　화 | 031-973-8302
팩　스 | 0504-178-8302
이메일 | tmakerpub@hanmail.net
등　록 | 제 2015-000148호.(2015년 7월 15일)

ISBN | 979-11-87809-60-9　03190

이 책은 저작권법에 따라 보호받는 저작물이므로 무단전재와 무단복제를 금지하며
이 책 내용의 전부 또는 일부를 이용하려면 반드시 저작권자와 더메이커의 서면 동의를 받아야 합니다.
잘못된 책은 구입한 곳에서 바꾸어 드립니다.